Bara Tankar III

Peter Porss

Bara Tankar III

**Högst personliga betraktelser och
existentiella funderingar från landet mitt
emellan i en slags poesiform**

Tidigare utgivning:

Bara Tankar I (2019)
Bara Tankar II (2020)

baratankar.se

© *2020 Peter Porss*
Förlag: BoD – Books on Demand, Stockholm, Sverige
Tryck: BoD – Books on Demand, Norderstedt,
Tyskland
ISBN: 978-91-7969-818-8

För egen hand

Jag hade gjort det mesta
Helt ensam
Styrd och rättad av allt
Och alla
Runt om
Invecklad och snärjd
Fångad
I ett depressivt lopp

Hade behövt göra en del
Helt själv
Med eget huvud
För egen hand
Men farten var för hög
Där, längst ut
I periferin
På randen till tomhet

Oddsen var inte bra
Men mitt kast var hyfsat
Det räckte i alla fall
Och jag drog mig in
Mot mitten, till centrum
Långsamt och bestämt
I alla fall
För egen hand

Låg kvar

Upplevde mig hyfsat pigg men var egentligen helt
slutkörd
Hade lyckats lura mig ett långt tag med detta
Eller kanske man ska säga - misslyckats med att vara
mig ärlig ett långt tag

Tanken var kort, utan stuns och djup
Sinnet stingsligt och vilset
Och världen därefter

Jag sov länge den morgonen
Lät kroppens impulser försöka ta plats
Det var inte lätt
Kampen orättvis
Men jag hade på något sätt redan bestämt mig
Jag låg kvar

Ta till vara

Allt var helt stilla
Inget hände eller skedde
Absolut ingenting

Nästan så att tiden inte bara stod still utan även hade
upphört sin existens
För skeenden och rörelser är det enda som kan ge tiden
en beskrivning
Eller var det kanske snarare förändring som gav tiden
sin existens?
Utan förändring så finns i alla fall inget att relatera till
Och utan det existerar ingen värld
Världen och tiden finns inte om ingenting händer skulle
man kunna hävda då

Men så var det väl inte riktigt

Universums genomsnittliga temperatur har uppskattats
till ca 3 grader Celsius över den absoluta nollpunkten, -
273,15 grader Celsius, vid vilken absolut ingenting kan
ske och hända
Om det är så, då existerar ju ändå världen fast nästan
inget sker, genomsnittligt räknat
Jag kände mig betydligt varmare än de där dryga -270
graderna Celsius, universums genomsnitttliga
temperatur och då borde det ske en hel del

Då existerar ju världen för mig med mycket
skeendepotential och med massor av tid
Får röra på mig mer då och ta till vara på det

Några ögonblick på mig

Dimman kändes tryggt behaglig denna gång
Som ett mjukt dunbolster att luta sig mot
Ville att det skulle vara för en än längre
stund denna gång
Ville slippa bli överöst av allt det där som alltid öser
över mig

Men kände det bleka ljusets kraft alltför väl
Den gav ingen pardon
Visserligen kunde jag skapa skenmörker för en stund
Men jag hade inte den tiden nu

Stilla föstes dimman bort och jag blev fullständigt synlig
och blottad
Men ännu inte för världen
Den hade ännu inte skapats
Jag hade några ögonblick på mig

Klar och ren

Vyn gav ett storslaget intryck
Den liksom långsamt vällde in i sinnet
Var dock tvungen att låta en stor del av
uppmärksamheten riktas mot att inte falla över kanten
Den var nära runtom
Vred mig långsamt om och lät mig översköljas i alla
riktningar
Luften var klar och ren

Visste att jag inte behövde göra något mer än att låta
mig påverkas av panoramat
Jag klättrade ner
Var fullt förvissad om att jag snart skulle ana vilket håll
det gällde
Luften var fortfarande klar och ren

Försökte minnas

Det var befriande till en början
Hade utvecklat ett sätt att ständigt kunna befinna mig
där trots ständig avdrift
Eller kanske snarare att alltid hitta vägen tillbaka - dit
För emellanåt var jag ju naturligtvis tvungen att bege
mig in i det runt om, eller jag helt enkelt bara drogs in

Med tiden hade jag glömt allt det andra och allt annat
och att det gick att få kontakt med något fast och stabilt
- ett slags botten
Även praktisk kunskap att fullt hantera min farkost hade
sinat bort

Ständigt i antingen stiltje eller i total storm är ingen
position att lära sig att hantera något - speciellt inte
segel
Nä, det blev mer en fångenskap att ha stormens öga
som sitt origo i tillvaron

Planen var enkel
Jag slängde alla kartor och förstörde alla
navigeringsinstrument

Seglen revades, rodret fastgjordes
Tänkte heller inte rusa omkring och täppa igen hål och
revor i skrovet som brukade uppstå
Allt fick tränga in som det behagade nu
Skälen brydde jag mig inte om längre
Jag la mig ner på en brits

Väntade

Och försökte minnas

Inte så långt

Jag visste en hel del men behärskade knappt någonting
Kunde också väldigt mycket men förstod för lite
Världen var därför för stor men också för liten
Det lilla hade blivit för stort och det stora för litet
Allt hade blivit till ingenting och ingenting hade blivit till
det mesta

Ja, och det var inte lätt att manövrera sig i detta
Jag stannade oftare i steget
För världen var aldrig så beskaffad som föreställningen
kopplad till impulsen att förflytta mig gjorde gällande
Den var alltid helt annorlunda
Först strax efter högsta punkten för min lyftade fot
visade sig oftast detta annorlunda i bästa fall
Men då var det försent
Kroppens tyngdpunkt var då sådan att inget återvändo
fanns
Fann det då bättre att börja stanna i steget vid den
lyftade fotens högsta punkt, än att trampa på
Och försöka få syn på det där annorlunda i tid för att
kanske något kunna styra om fotnedsättningen om det
behövdes

Jag kom naturligtvis inte så långt med denna taktik

Aldrig chansen

Det gick att förstå och förklara
Men inte att hantera
I realiteten

Verkligheten betedde sig så förvirrat
I detta fanns ingen logik
Jo, det fanns det så klart
Och som jag kunde förstå och förklara
Men inte inse
Jo, det kunde jag väl men vågade knappt vilja det

Det uppenbara döljer sig lätt i det sedda
Det insedda får aldrig chansen

Andra glodde

Säcken var egentligen ganska tung
Hade blivit det mer och mer
Det skulle bli lättare efter krönet hade de sagt
Jag tror de ljög
Eller inte ljög, utan hade själva ingen aning, kanske
Jag hade vant mig vid vikten, det var mer omfånget som
var besvärande
Förresten såg jag aldrig något krön
Det var bara stadigt uppåt längs meandrande stigar men
ibland spikraka branter

Hur mycket uppåt finns det egentligen?
Blev en alltmer relevant fråga för mig
Jag funderade på om detta ord "uppåt" och även alla
meningar jag hörde utgjorde beskrivningar av världen
som var menat att fånga in och styra mina
ansträngningar, åt ett håll
Men som missvisade mig totalt
Visst bekräftades uppåts verklighet av det ofantliga

berg jag bevisligen befann mig på och säkerligen fanns
det där krönet
Men var det den enda riktningl att gå?
Neråt, eller tillbaka som de kallade det och ditåt eller
ditåt fanns också vad jag förstod
Men jag följde och såg bara det som var sagt och
beskrivet, inte det som fanns

Jag ställde ner säcken och satte mig ner vid sidan om
stigen så att alla andra kunde passera
En del blängde på mig

Andra glodde

Min hemmaplan

Jag öppnade ögonen
Kämpade emot lite för snabbt och intensivt denna gång
så jag släpades bort, resolut men hyfsat milt
Det var nästan alltid så
Förhöret var lika bristfälligt som vanligt
Bestraffningen var jag bekant med sedan tidigare
Jag härdade ut och blev därefter tillbakasläpad

Mardrömen uppenbarade sig inte alltid efter ett sådant
här skeende
Oftare var det underligt förvirrande drömmar som
fyllde min natt när jag till slut somnade
Denna natt var dock den drömmen tillbaka

Jag vaknade och öppnade ögonen
Lät världen åter göra sitt dagliga intryck
Denna gång gjorde jag inget motstånd utan lät allt
tränga sig in och på
Vakterna dök upp
Men nu var de inne på min hemmaplan

Något mer

Visste inte vad jag hade förväntat mig egentligen
Något önskemål fanns väl men det var inte så tydligt
Klart att det var svårt att uppfatta någon klarhet i det
runtom när jag hela tiden försökte undkomma allt det
där jagande

Där stod jag alldeles fri från revande tistlar och
överrumplingar
Alla håll lediga
Men det verkade inte finnas någonstans att gå
Inte någonstans där det verkade vettigt att vara och
befinna mig på

Visste inte vad jag hade förväntat mig
Men i alla fall något mer

Totalt öde

Landet låg öde, verkade det som
Eller jag såg inget avgörande betydelsefullt
Det fanns sånt där någonstans
Inte måste finnas, utan det fanns, där, här
Det var ju klart

Fann inget sammanhang heller
Det förras silhuetter flimrade förbi
Lockandes med sin igenkännlighet
Men jag bevekades inte

Landet låg totalt öde

Finns till

Det fanns ingenting kvar då alla hade begett sig
Inte ens skuggan dröjde som den brukade
Allt hade lösts upp och ändat
Sinnena noterade noll
Jag famlade runt
Krampaktig
Först
Sen

...
.

Stilla
Svävade jag

Omedveten

På alltets rand
Jag föll

.
...
Sen
Djupt
Där nerifrån
Med stadigt tag
Om det som fanns
Jag timrade upp det nyare
Allt det där med fastan grund
Där allt finns kvar och allt finns till

Oförklätt

Jag stod där och såg ut över landet medan allt denna
gång fick hända och ske på sitt sätt
Ganska mycket bekymrad var jag fast mer på grund av
ovana

Tidigare hade jag ofta vid minsta antydan eller tecken
skickat ut trupper inte bara till försvar utan till anfall
också, och barrikaderat mig ytterligare. Men ibland bara
begett mig därifrån eller maskerat mig till
oigenkännlighet, och inte bara för andra

De dök naturligtvis upp först på de förväntade ställena
och på liknande sätt som tidigare
Sen på helt andra
Nya former och skepnader uppenbarade sig och tog
plats
Inte bara skuggor och gestalter
En del ur andra, andra bara så där

De fick böka och gruffas sins emellan för en gång skull

Märkte att rädslan fått vara en stund och var lite
förvirrad men fascinerad över det jag såg och lockad att
bege mig dit
Men inte idag
Idag var jag ledig
Ledig från mig själv

Oförklätt klev jag nedför trappan, ut genom sidoporten
och gjorde annat

Mitt i världen

Allt verkade helt nytt och annorlunda men fullständigt
bekant
Märkligt
Förut hade allt varit som vanligt men fullständigt
främmande
Jag förstod först inte denna bekanthet men anade och
lät den tanken vara och traskade vidare

Terrängen sluttade här och jag lät min kropp
utnyttja lutningens fysiska konsekvenser som
förlängde mina steg ner mot dalens botten
Först vid älvens strand stannade jag till och vände
mig upp mot den branta klippans topp
Borgen såg väldigt avlägsen och enslig ut härifrån. Den
gick knappt heller att upptäcka även om man visste vart
blicken skulle riktas

Jag följde strandkanten så gott det gick, medströms
Hade ofta undrat var floden mynnade ut någonstans,
hur det såg ut längre bort. Men det var strax mörkt och
jag var tvungen att stanna upp för läger
Jag la mig ner på rygg i gräset och blickade in hela
himlavalvet
I ett svep
Och somnade för första gången på länge

Mitt i världen

Behövde de där

Jag behövde de där tidiga mornarna, strax innan det runt
om hunnit bli sett och hört
Då allt låg öppet och framme och det mesta var möjligt,
visserligen dolt eller snarare skyddat av en slags höljande
dimma men där kontakten med världen fortfarande var
sann och djup

Jag försökte alltid förlänga denna närvaro och existens
så långt det gick innan jag till slut skulle bli bryskt
utkommenderad
Jag ville ju få en än större vy av det som skulle kunna
vara
Det som skulle kunna vara på riktigt
Det ärliga
Jag ville försöka få med mig något av detta, dolt undan
från andras stirranden och förnekanden, till senare, för
tröst efter dagens tillknycklanden och sår
Det gick sällan - men ibland

Jag började samla ihop dessa *något* djupt, djupt inne i
skogen
Det blev långsamt allt mer och mer
Konturen av något, något annat började skönjas

Jag behövde de där tidiga mornarna

Inte ensam

Plötsligt var jag helt själv, noterade jag
Inget förföljde eller var mig i hasorna, till och med ingen
Till och med ingen
Det var som om jag befann mig på en helt annan plats,
som om det inte fanns, det som alltid brukade vara
Det var inte helt tomt som det var då jag bara hade
lyckats slinka undan för en stund, lurat bort mina
fantomer. Nej, inte så tomt eller kanske snarare öde
Denna gång var jag visserligen helt själv men kände mig
inte ensam
Inte alls ensam

Marken verkade ovanligt stabil, men jag hade svårt att
hålla min balans
De reflexmässiga pareringarna som kroppen tillägnat sig
gjorde här ingen nytta och fann inget gehör
De störde bara min gång
Men jag fortsatte
Terrängen var ömsom trädbeklätt eller öppen, platt eller
backig. Stigen var också ibland väldigt smal eller
tämligen bred som en väg och grenades här och var av i
alla riktningar
Det verkade inte spela någon större roll vilken
förgrening jag valde
Jag skulle komma fram dit jag skulle

Helt själv men inte ensam

Något helt annat

Återspeglingen var egentligen oftast väldigt märklig
Det var ju människa jag var, inget annat
Väl?
Det jag fick se var något annat
Något helt annat
Men det anade jag inte förrän senare

Därför insåg jag inte förrän alltför sent att kursen var
direkt mot förintelse
Det skulle ju visserligen hända men inte på detta sätt
Jag letade fram de gamla kalkylerna och beräkningarna,
justerade några siffror och korrigerade några formler
Gjorde därefter snabbt en bedömning om var kraschen
skulle ske
Den blev inte alltför exakt

Min gamla plan var enbart till för att kroppsligen klara
mig om en sådan här situation skulle dyka upp
Nu skulle jag få se om de nya beräkningarna räckte till
ens det
Gjorde en sista sväng genom farkosten
Men noterade knappt min snart gamla värld och
trygghet
Denna skulle ju snart förloras
Spände därefter fast mig och blundade

Och hoppades på något helt annat

Det säger jag inte (till minne av)

Visserligen så gillade jag inte svart-vita eller ont-gott
beskrivningar av något
De är ju tecken på ganska omogna eller fångade hjärnor
och ack så farliga i sin enkelhet
Inget är enkelt
Inget
Eller kanske det är egentligen?
Men de borde i alla fall inte användas, tänkte jag
Inte av tänkande hjärnor

Här var jag mitt emellan undergång och tillintetgörelse
Det var världen
De stora misstagen den begår
Apokalyps var fortfarande det den indirekt förutspådde
hela tiden
Tragiskt naturligtvis och ojust
Jävligt ojust
Men

Det säger jag inte, var mitt enda försvar, det säger jag
inte
Minnet satt hårt inpräntat i kroppen
Allt annat var förskjutet till dunklet
Resan hade knappt börjat

Men
Det säger jag inte

Jag minns det i alla fall

Ballong med snöre

Mina drömmar var som heliumballonger utan snöre

Visserligen gick de att hålla med en hand, en i taget, men
gick aldrig att knyta an och förankra på samma sätt som
kunde göras med ballonger med snöre
Dessa kunde man snöra på sig och samtidigt ha båda
händer fria för andra göromål

Jag gick ofta omkring med båda händerna försiktigt runt
om min heliumballong
Försiktigt - jävligt försiktigt
Rädd för att den skulle fly iväg men samtidigt lika rädd
för att klämma sönder den

Men lika ofta och allt oftare tillbringade jag tiden helt
utan ballonger
Och fullständigt drömlös

Det nödvändiga fanns inte, det viktiga upphörde helt

Det jag behövde var

En ballong med snöre

På sitt sätt

Våren var strax igång
På sitt sätt

Ovillkorat smygandes
Ohejdbar
Synliggörande
Det gömda
Kanske och det glömda

Min var också snar
På sitt sätt

Dock villkorad
Kuvbar
Avslöjandes
Det gömda
Och det glömda

Men
På sitt sätt
Var allt redan här

Men snart så

Berättelsen kan inte vara överordnad livet
Myten får aldrig överträffa densamma
Egentligen
Tyckte jag
Tänkte jag
Till och med menade
Jag

Men där befann jag mig
Mitt i berättelsen
Mitt i myten
Kunde inte råda över några av de krafterna

Allt självuppfyllande kunde jag dock tillfälligt mota bort
Men berättelsen och myten snärjde fortfarande in mig
I
Kokongen
Men

Men

Men snart så

Min dom

Jag erkände allt
Allt jag tänkte jag var skyldig till
Till och med det jag inte kunde tänka mig

Fast

Soldaten, kuggen, marionetten
Till och med medarbetaren
Fångade i sina små rymmen
Snärjda till kropp och sinne
Med allt bestämt
Lika fast

Långt därifrån och ovanför
Eller runt om
Ibland full, ibland inte
Ständigt vänd mot sin imperator
Likt en betjänt långsamt och underdånigt kringlandes
sig
Fast den natten full
Belysandes mig
Där jag satt
Fast i
Min
Dom

Bluffmakare

En bluffmakare
En narr
En kvacksalvare
En förljugen charlatan

Var de enda ord som jag kunde beskriva mig själv med
Visst fanns det fler ord
Men dessa var tillräckliga

Jag vandrade fram och tillbaka
Oförmögen till annat
Vägen bort var ändå så belamrad med bråte att det ändå
inte utan betydande svårighet hade gått att traska varken
mer fram eller ytterligare tillbaka

Jag försökte att låtsas som om ingenting
Det borde ju fungera
Det var ju mitt gebit
Men icke

Det som sedan ägde rum var att det började hända och
ske om vart annat
Men jag vågade inte fästa några ord vid det
Rädd för att det skulle låta som ytterligare en bedragelse
Från en bluffmakares mun

Utan framtid

Fanns
aldrig någon framtid
Utan något annat
Helt annat

Blev ledd, förledd, föst eller släpad
Sådant mynnar sällan i en framtid
I alla fall inte en egen

Blev fast i ett då
Eller det förledda dåets konsekvenser
I bästa fall

Annars var det rädslan som omgärdade
En rädsla som inte var min
Trodde jag

Som blev en yttersta gräns
Utan vy
Utan horisont

Inte en strimma passerade
Eller ens en glimt fick jag se
Av det som kunde, kanske bli

Något att se fram emot
Något annat
Än en plats utan framtid

Mina steg

Det var inte det jag förnam med mina sinnen
Och definitivt inte den bild som hjärnan kokade ihop av
det

Det låg långt ut i periferin
Eller snarare strax bortom

Min värld var snäv och förutsägbar
Trots det i väldigt dunkel

Det var allt jag inte lät mig förnimma
Allt jag blundade för och undvek som styrde mina steg

Mitt emellan

Jag befann mig alltid mitt emellan
Inte på någon riktig plats eller något otvunget ställe
Men sådär - mitt emellan

Kanske det berodde på att jag hade svårt att välja
Som ett barn mellan två godispåsar
Eller att välja bort och därmed inse att det ena går
förlorat om det andra väljs
Jag kanske ville vara mitt emellan och leva i drömmens
och längtans rike där allt fortfarande är möjligt
Så var det nog
Jag ville att allt skulle vara möjligt hela tiden
Där mitt emellan

Det märkliga var att jag hade ett väldigt duktigt sinne för
detaljer
Och ett vältränat öga för överblick
Dessa konster behärskade jag alltför väl
Men allt det där mitt emellan hade jag ingen koll på alls
Ingen som helst färdighet för
Och det var ju precis där jag befann mig
Där
Mitt emellan

Som vanligt

Det fanns inga bevis
Bara rykten eller i bästa fall skamliga historier
Visst fanns jag
Och det för evigt
Och hade funnits där hela tiden också

Det måste vara en kosmisk komplott
Allt finns ju
Och bara nu
Även evigheten och alltet
Alltså finns eller fanns jag eller skall finnas för evigt i
evighet

Jag förstod inte något av detta svammel
Och fortsatte som vanligt

Allt för

Verklighet eller sanning
Blandade alltid ihop dessa
Den ena otvetydig
Den andra övertygande
Alltför

Sanningen dök upp lite tidigare
Den var riktigt sann
Det fanns ju försvar för det också
Väl försvarbara försvar
Alltför

Verkligheten strålade glatt in
Då och då, då
Knappt förståelig
Eller för realistisk
Alltför

Ja
Så klart jag gjorde allt
För att förstå skillnaden
Allt för att inget skulle bli
Alltför

Allt för

Populär

Skulle detta vara populärt så skulle det vara ointressant
Så läs inte mer nu helst
Det populära skummar ju bara på ytan och avräknar
bara huvuden

Jag räknar själar
De är få
Jävligt få

Men nu fanns heller inga själar i min vokabulär eller
värld
De måste vara något annat
Du måste vara något annat
En annan kanske
Eller vem som helst
Människa?
Det vet ju inte jag eller bryr mig inte
?

Så klart jag gör
Fast erkänner inte
Vill ju bli populär

Hyfsad början

Jag mindes en gång som jag ...
Men har glömt vad

Jag mindes en evig längtan
Men har glömt till vad

Jag mindes allt som jag behövde
Men har glömt vad

Jag mindes och mindes
Men glömde och glömdes

Vad sjutton ska jag med mig själv till då
Tänkte jag

Jag mindes att jag glömt i alla fall
En hyfsad början

Tur det

Det var inte ordens plats
Tur det, så mycket förstörelse de hade skapat
De anades ändå därborta, bortanför
Kanske tur det

Det var inte minnenas plats
Tur det, så översköljd jag hade blivit
De fanns dock väl dolda
Kanske tur det

Det var absolut inte tänkandets plats
Tur det, så snärjd jag hade blivit
Visste att det fanns i alla fall
Kanske tur det

Det var heller inte ett slags mitt emellan
Men något helt för sig själv
Något annat

Det var mycket det inte var
Kanske tur det

Till en början

Skuggan avslöjade inget
Tills jag förstod
Allt, eller en del
Men inget avgörande
För mig

Hur skulle den kunna det
En schematisk avbildning
Men de flesta nöjde sig
Allt flöt ju på
I det svart-vita

Förr stod jag i skuggan
Nu betraktade jag den
För ett tag till
Visste en väg
Bort

Fast det var mer till
Från var från förr
Till verkade dock enklare men svårare

Till en början

För konstant

Bruset var konstant, men jag klev på
Nja, inte riktigt, ett försiktigt steg i taget för det
hade ju nästan förlamat min balans annars
Den visuella delen var dock inte allvarligast, jag kunde ju
blunda. Men mina öron var oförmögna att sluta sig

Så fick jag famla kring

Dunklet gav naturligtvis inga ledtrådar och mina
långsamma steg drog ut på tiden
Vägen blev avfarter
Väven drogs ihop
Det var inget jag egentligen märkte men kanske anade
och de förmodade bevisen gick aldrig att bekräfta

Var jag hade varit eller vart det bar hän var tydligt
utsuddat. Men de skarpa kanterna avslöjade ändå en hel
del. Men inget jag kunde uppfatta
Det jag egentligen behövde var ...
Det har jag glömt
Bruset var för konstant

Klampa vidare

Jag klampade in genom dörren
Vanan satt ju i
Tidigare hade detta steg skrämt bort mina spöken men
då var det en helt annan värld på många och alla sätt -
men ändå inte
Hade jag förväntat mig något på andra sidan så var jag
inte medveten om det
Var dock helt klar i sinnet, på ett slags sätt i alla fall
Men i vilken position var jag att tro mig kunna bedöma
detta egentligen?

Nåväl, att klampa in på det sättet var en sak, att våga
vara där jag hamnade en helt annan
Det blev så att jag både var och vågade
Men knappt hann jag notera detta och var jag befann
mig då jag snart var tvungen att bege mig

Fick klampa vidare

Räckte inte

Ekot dog ut
Men ljuset slog sig lätt in
Och just denna port drog kanske igen alltför kvickt
Det hade jag väl väntat mig, men inte precis då
Annorlunda var inget ovanligt i min värld, men det var
inget jag uppfattade

Ljust men tyst, eller och
Men inte något minne om det
Mina ögon registrerade allt men min hjärna sållade
kvickt
Inget förståeligt
Var min enda slutsats

Men det räckte inte

Stilla rum

De var skitsvåra att upptäcka trots att jag kunde
föreställa mig dem, eller trodde mig kunna det
Var ju heller egentligen inte på något sätt
instruerad i hur jag kunde finna dem
Kanske skulle jag koppla in en konsult eller något
Men jag brådskade vidare, ökade farten i hopp om att
spana av ännu mer på kortare tid
Flängde med alla de övriga letande, i det ständigt ruset
Fick ju syn på en hel del
Men inget av det blev framför allt sett
Och naturligtvis vart min angelägenhet fortfarande
oavslutad
Ärendet "Stilla rum" förblev öppet för ett bra, bra tag

Ta mig till

Hamnade sedan där lite undan
Tog mig sans en stund
Och väntade
Avvaktandes signalen
Som kanske kunde
Ta mig till

Men bruset höll i
Ville inte upphöra
Det rasade på en bit bort
Domnderade allt i sin väg
Hindrade allt annat att hända

Så klart
Styrd och på sitt sätt tvingad - hit
Så kunde jag inte bara vänta och tro att fokuset skulle
vara mitt väl - här
Där var härets nödvändiga motsatts och minst lika illa

Genvägen tänkte jag inte ta
Denna gång
Kostnaden blev alltid för hög
Även om priset var lågt

Kunde inte göra någonting annat än att ta mig från till
ett annat från
Jag fick vänta ett tag med att ta mig till

Sedan gick jag

Jag kunde inte gå in där och argumentera
Det tog och förstods inte
Men förödde desto mer
Så länge som jag inte accepterade och lärde mig dess
egen slags logik

Jag fick iaktta
Men bara titta på
Utan mitt noterande och tabelliserande
Från ett perspektiv
Inte ett annat för jag hade egentligen inget från början

Jag lät mig omfamnas och bli sedd
Omfamnade och såg
Virvlade och vreds, kretsade och grävde
Revolutionen var total
Evolutionen nära

Sedan gick jag in där igen

Även bortom

Bara *det* kan finnas
Som har en existens
Kanske även bortom
Land och hav

Bara det kan *finnas*
Så äger det sin rätt
Kanske även bortom
Sky och mark

Bara det *kan* finnas
Så blir jag nöjd
Kanske även bortom
Sans och förnuft

Allt annat

Allt verkade fullständigt självklart
Jag tog mig fram förvånadsvärt lätt
Dessutom oförföljd
Riktningarna var uppenbara och tydliga
Målet, ja målet fanns - här
Och livet levde sig självt

Låg kvar länge och försökte förlänga det jag drömt
Fånga in dess essens
Absorbera det sista innan allt bedarrade

Men jag uppehöll mig bara där jag hela tiden hade varit
Befann mig dock alltid annorstädes
Tiden försvann
Slösades bort på annat

Allt annat

Finns till

Finns till?
Finns jag?

Finns till!

Till finns
Finns jag

Så Till
Finns till!
Så
Finns jag

Å

Jag finns till

Rätt sorts box

Utanför boxen
Det var rekommenderat tänkande, hade jag hört
Visste allt om det och tänkte att det dessutom var det
enda jag höll på med, på ett sätt
För det var där jag var placerad, ju
Utanför boxen

Men om man riktigt betraktade mig så var jag förlagd i
en box innanför boxen
Rejält omsluten av själva boxen
Inne i och ännu mer i – totalt
Innanför boxen

Satt där och insåg detta ur bara min vinkel
Och den var så fel, men den enda ledtråden
Förlitade ju mig bara på det jag visste eller hade
erfarenhet av
Vad annars?

Men visst tänkte jag utanför alla boxar på ett sätt
Alla möjliga boxar
Det gällda bara att finna, just det
Rätt sorts box

Byte

En kropp vill jag åt
Så klart
Även närhet också
Naturligtvis, så klart

Världen skulle vridas
Otvivelaktigt
Skrämd och förlöst
Längtansfull

Efter en kropp
Att otvivelaktigt
Trängta efter
Kanske just din

Jag jagade vidare

Inte än

Dimman nådde inte hit upp
Såg dess ogenomträngliga luddiga tak strax
nedanför
Dalgången doldes ända bort till bryggorna och
en lång bit ut i vattnet också
Det var därifrån den kom
Oftast till räddning
Mitt följe lurades lätt bort och jag behövde egentligen
inte anstränga mig vid sådana undkommanden
I alla fall så länge vargarna hölls burade
Släpptes de lösa hade det slutat på annat sätt

Solstrålarna nådde precis över bergskammen och
dimman löstes stilla upp
Tänkte vara här en stund
Kanske skulle jag ta och undersöka bergspasset
igen
Det skulle nog med hjälp gå att flytta på de inkilade
stenblocken
Men det fick bli senare i så fall

Jag la mig ner och tittade upp mot den lättmolnta
skyn
En vacker dag såg det ut att bli
Snart skulle jag bli upphunnen
Men inte än

Nu

Det var tydligen avgörande på något sätt fast inte på det
sätt som var väsentligt för det fortsatta, tänkte jag
I och för sig var det ju en nyckel eller nyckeln
Hur som helst hade det tagit all min tid både då och
sedan och inte lämnat någon kvar
Svalt mig och portionerat ut mig i små formar jäsandes
på en bakplåt för bak i brännande ugn

Splittrad och klyvd
Snart till och med upplöst i beståndsdelar
Kände jag mig
Jag ville inte bara ha tid för
Då och sedan
Utan även för
Nu

Detta och allt annat

Total kontroll av allt
Ingen kontroll av något
Hade testat båda dessa var för sig motsägelsefulla
hållningar
De funkade ju inte
Naturligtvis
De leder ju till att inte bara något utan även allt annat
har total kontroll
Världarna blev antingen totalt stilla snirklandes ner i en
döende spiral eller förminskade undkomligt
orienterande mellan allt och något

Hur var det mitt emellan total och ingen, då?
Eller vad menade jag med dessa ord?
Skulle jag kanske mer precisera allt och något?
Ja, jag satt och funderade på detta och allt annat

En annan historia

Världen var som den allltid hade varit och som den
alltid skulle vara
Alla hypoteser var bekräftade sedan länge och teorierna
låg där glasklara
Paradigmet, fulländat och sedan länge oemotsagt
Livet förflöt och inget oförutseende hände
Precis som det förutsade
Kontrollen var total

Blev mäkta förvånad då meddelanden kom att missnöje
började sprida sig och att det upptäckts att en del
bottenpelare hade börjat att spricka, till och med rasera
- Så kunde ju inte ske, det fanns ju inte med i planerna,
tänkte jag
Det fanns heller inget tänkt kring hur sådant här skulle
bemötas eller hanteras för det kunde ju inte ske
Alla ritualer skötte ju tidens små skavanker och yttringar
och det hade alltid fungerat
Men detta var något annat, helt oväntat annat

Jag klev runt ett tag i det jag visste - i världen
Den verkade visserligen vara lite mindre än vad som var
beräknat
Gränserna såg förskjutna ut
Men de höll i alla fall

54

Såg inget annat som på något sätt var utanför så som det
skulle vara och kunde förklara missnöjet och pelarnas
sprickor

Det slog mig då att jag skulle ta mig en titt bortanför det
som kallades gränsen, om där nu någonting fanns kvar
Ta mig en titt på det jag fick se för ett tag för länge
sedan då allt upprättades
Hade aldrig tidigare fått den tanken för den ingick inte i
rutinerna och ritualerna
Och allt utanför det planlagda var ju inte tänkbart och
fanns inte för här var ju allt och
Hela världen
Men ändå fanns tanken där

Så enkelt var det dock inte men det var en annan
historia

Behövde betraktas

Det kunde inte vara något fel på den metoden
Det fanns ju inga andra
Jo, några kompletteranden, visst
Men det var inte metoden det handlade om och som
gjorde att allt var som det var och blev som det blev

Prisman var felslipad och vinklad så att den även lite
lurigt återspeglade, inte bara återgav det som tuben var
riktad mot, vilket var dess egentliga syfte
Inte bara återspeglade, förresten, utan även förstärkte,
förstärkte min egen rädsla och förutfattade bild

Detta fattade jag först senare då jag upprepade gånger
efter att uttråkad ha lämnat kikaren för ett tag och sedan
återvänt och inget hade ändrats i det jag kallade, där ute
Allt befann sig där min första tanke beskrev att det
skulle vara, allt var exakt så, varje gång
Det var inte det jag tänkte mig

Min lilla kvarvarande kunskap sa mig att förändring sker
oavbrutet, kanske bara i små steg men ändå
Allt blev rörigt
Det var inte bara nya linser och prisman som behövde
införskaffas utan även fler kikare och teleskop
Och framför allt behövde jag mer kunskap, mycket mer
Om allt som fanns att betrakta
Och allt som behövde betraktas

Det besvärade mig

Andra tankar eller funderingar och idéer har aldrig
besvärat mig
Det är dogmatismen som ofta följer jag inte gillar
Den följer allt
Även i små portioner
I och för sig förståeligt om man förstår människan
Det borde fler göra
Förstå alltså

Visserligen kan den ha lett oss - då
Men den tiden är över
För länge, länge sedan
Och här kanske inte är så som det kunde vara - nu
Om allt hela tiden oreflekterat får pågå
Under dåtidens ok

Det som störde mig var min egen dåtids fjättring
Som dogmatiskt styrde mina steg och mitt varande
Och som jag inte gillade

Det besvärade mig

Små steg

Det gick ju naturligtvis inte att märka
Men steg för steg så förminskades världen
Tänkte själv att det var fokuset som ökade
Men nä, eller jo, på ett fatalt sätt i så fall

Allt det andra försvann
Tillfälligt
Tänkte jag
Men steg för steg
Försvann allt annat

Öppnade ögonen försiktigt
Ville inte se alla steg, eller felsteg
Men såg inga
Bara att jag stått stilla
I världen

Började förflytta mina fötter långsamt
Åt ena hållet och det andra
Det gick ju
Forsatte så
Med små steg

Visst, visste jag

Visst, visste jag det
Men först vid slutet konstaterade jag
Och det var alltid för sent
Allt skulle stoppat vid att jag visste

Men så är det oftast nästan alltid
Den spröda kunskapen faller till föga
Raseras
För det andra
Som driver på
Som styr
Oavsett

Men visst, visste jag

Trappan upp

Hade slutat rusa runt
Det verkade ju inte längre spela någon roll vad
jag gjorde
Uppgiften hade varit att balansera det som skedde och
fanns

Jag vred och böjde det som behövdes. Sorterade upp,
pusslade och passade ihop det som gick. Tittade ut
genom gluggarna och jämförde
Det fick ju inte bli fel

Men det verkade som om det hela började ge med sig
En del hade gått av, något läckte och annat var det
stopp i
Kunde inte göra något åt det, här, mitt i allt och allt för
nära
Men gluggarna var för små att krypa ut genom och
trappan upp var inte beträdd sedan länge
Höll den fortfarande?
Men framför allt skulle balansen upphöra och allt skulle
falla samman om jag inte var kvar, tänkte jag

Lyckades sätta mig för en stund
Uppfylldes av total rädsla
Visste att jag var tvungen att skynda på innan den
försvann eller skrämde
Reste mig och begav mig snabbt av
Till trappan upp

På riktigt

Det var länge sedan jag sov
På riktigt
Jag var rädd att förlora mig i djupet
Rädd för det mörka okända
Rädd för att släppa - ljuset
Var ju heller aldrig vaken helt
Vågade inte släppa in - ljuset
På riktigt

Grådiset var min dag - eller var det natt
Det sållade och dolde
Allt som fanns
På riktigt
Hade egentligen knappt någon aning
Eller ens bild och erfarenhet av det som var
På riktigt

På riktigt tänkte jag att jag kanske skulle sova och ligga
där tills jag ville gå upp
Och vandra omkring uppe så länge tills jag ville sova
Då kanske jag kunde få se och uppleva det som var
På riktigt
Och på riktigt våga förlora mig
Och släppa och släppa in
På riktigt

Skyldig

Två
positioner fanns det
Skyldig eller inte skyldig
I de åtalades och anklagades värld
Där jag rörde mig

För mig fanns här också bara ett läge
Att hela tiden bevisa min oskuld

Hade all nödvändig kompetens och även hjärna för att
oftast få målen nedlagda i ett tidigt skede. Men
skuldkastandena frambesvors i sådan takt att jag inte ens
hade tid att göra mig skyldig till något om det så vore
- Det kanske också är en brytelse mot något, for igenom
skallen
Dömd för att ingenting gjort sig skyldig till
Det vore något
Kanske skulle ta och fråga om det

Mina fötter började stega mot dömarpodiet
Jag vände upp mitt ansikte. Men såg ingen och heller
inga bisittare

Vände mig om
Helt tomt
- Va, skrek jag till och fick bara ett svagt eko tillbaka
Podiet och alla stolarna liksom golvet var täckt av ett
ganska tjockt dammlager
- Här har inte varit någon på länge förutom jag, slog det
mig medan jag vände blicken bort på mitt av
pappershögar belamrade bord. Där var inget damm i alla
fall. Hade ju hela tiden suttit och fyllt i mina papper och
dokument för mina försvar

Vad skulle jag göra nu?
Det slog mig att jag kanske var skyldig mig själv att kolla
upp detta här lite närmare
Och det var jag
Så jag klev ut ur salen utan ett enda papper eller
dokument

Riktiga steg

Mina tidigare teorier hade varit hyfsat glasklara att förstå
Allt verifierbart var noggrant undersökt och instoppat i *The Grand Theory*
Mina hypoteser blev visserligen omformulerade och ibland omkullkastade
Så klart, annars hade jag varit färdig från början ju
Insamling av data skedde kontinuerligt och källorna var flera
Jag satt dag och natt och granskade och sorterade in
Det var min salighet
Mitt paradis
Där inga tvivel rådde eller något oförutsett inträffade

Det var bara en sak som störde
Doften
Och de vaga minnesfragmenten som väcktes
De gick inte kalkylera in i mina formler
Sköt det alltid åt sidan

Snart var min teori fullständigt klar och för att
färdigställa den införskaffade jag en extra skarp kikare
Med den kunde jag se lite mer detaljerat
Inte för att jag trodde att det skulle tillföra något egentligen
Men jag skaffade mig den i alla fall

Jag riktade kikaren summariskt men noggrannt runt
Hypoteserna skulle strax bekräftas
Och Den Stora Teorin teorin fastställas

Medan jag gjorde de sista observationerna av det mest

fastlagda området dök det upp igen
Doften
Och de vaga minnesfragmenten
Och ytterligare en tanke blixtfor genom huvudet
Jag tittade åter i kikaren
-Vad???
-Nä!!!
Det kan inte stämma

Innan jag jag hunnit formera mitt försvar genomfors jag
och uppfylldes av en enorm känsla
Mina ben vek sig
Allt snurrade
Jag var ovillkorligt glasklar i tanken
Men kunde inte värja mig
Jag sjönk ner på golvet

Minnesfragmenten hade plötsligt formerat sig tydligt
och begripligt
Jag grep efter mina papper och dokument
Reste mig upp och sprang ut ur tornrummet ner till
biblioteket
Slog upp de viktiga partierna i de mest centrala
volymerna
Men förgäves gick det att skingra det insedda

Porten gled långsamt upp
Och ett slags sinneslugn och vag förväntan fyllde mig då
jag tog mina första riktiga steg på länge

Blotta sanningen

Trodde att jag både hade lyckats skydda och visa
sanningen

Men jag låg där utfläkt
För alla
För hela världen
För allt och alltet

Helt naken
Det var det jag hade drivits till

Altaret var inte alltför kallt
Lite hårt dock, men det var bra för min kuvade rygg

Jag struntade i de framåtskridande med knivarna i
högsta hugg
Altaret var mitt och hit fann ingen obehörig tillträde
Absolut ingen eller inget
Sa jag för mig själv
Och blottade sanningen

Steg framåt

Det var mycket som aldrig inträffade
Ja, jag kan räkna upp och berätta om en hel del som
aldrig blev av
Allt sådant som kunde lett någon vart

Det som hände var det andra
Ja, och väldigt mycket och väldigt ofta
Allt det där som aldrig ledde till att något skedde

Där något aldrig inträffade och inget aldrig skedde var
alltså min värld
Jag tänkte då att vad jag än företog mig nu eller gjorde
så var det ett steg
Ett steg framåt

Upphörde strax

Mitt liv var förbrukat
Totalt
Inget fanns kvar
Och existensen upphörde
Varken det som borde eller allt det andra fanns då och
Världen blev kanske en fotnot
Ett bortslängt livs enda chans upphörde strax

Innes skull

Vart jag än vandrade så kom jag inte ut

Att bege mig överallt
Fram och tillbaka
Ditåt eller åt sidan
Undan och sedan ytterligare längre bort
Rent av avsides och helt väck
Var aldrig något problem

Kände mig dock alltid undanröjd
Som ett oönskat hinder
Ur vägen
För andras framfart
För de övrigas lekar

Mer ickestädes än någonstädes var min belägenhet

Ville mig dock ett ute för mitt innes skull

Allt för länge

Helt på det klara med hur elementarpartiklar hängde
ihop och ordnade sin värld
Hur det lite större månglade ihop sig i tillsynes oändliga
symbioser och relationer
Hur hela sammansättningen frammanade nuet till även
ett då och ett sedan
Men fångad i illusionen om tid
Och en delikat och spröd väv
I försök till reflektion

Då
Nu
Sedan

Jag satt stilla och funderade
Men kanske allt för stilla
Allt för länge
Då

Från allt

Hur jag än bar mig åt så kom jag inte in igen
Portarna var stängda
Dörrarna förbommade
Grindarna taggtrådsförsedda
Öppningarna igensatta

Jag drällde kring
Drevs fram i isolerad tomhet
I obyggdens kloak
Utslängd
I förvisning
Utvisad
Till exil

Till och med där var jag oinbjuden
Inte ens plats för mig att vara främling existerade längre
Jag upphörde långsamt
Försvann
Från allt

Hunger

Visste inte om jag var mätt
Kände ju aldrig någon hunger
Trodde jag då
Men vräkte i mig allt
Sög åt mig, letade upp varje liten spillrad smula
Var till slut mastodont och kolossal
Nej då, men kände mig i alla fall så
På flera och olika sätt
Leviatan kom här väldigt i lä
På ett personligt plan

Tur det, var det
Men inte för mig
Då

Fast något smolk
Fann sig sin väg
Hungern, ja
Och fikenheten växte
Helt som ny fann jag mig fantiserandes
Som en novis kanske
Oprövad och sär
Eller debutant
Inför världens allt

Visst kände jag hunger

Längtade ännu natten

Så länge dagen balanserades av natten fanns det
hopp
Naturen hade sin gång
Sin lust
Sitt liv
Evigt, kanske
Kontraster och differenser
Likheter och similariteter
Omvartannat I en nyansfull
Lågande omfamning

Det gråa ändade till slut allt
Dagen tänjdes
Ljuset bleknade
Natten doldes
Och mörker drog in
Drev in hela sin fordran
Skuggan upphörde
Allt löstes upp
Droppandes sakta ner
På den döende marken

Men i sitt fördolda
Längtade ännu natten

Reaktionerna doldes undan för undan
Minnet stelnade och försvann
Bakom tjocka murar
Bortom tid och rymd
Allt fördoldes
Tanken snärjdes
Förvisades förrådd
Till exil

Det dagliga blev det nattlig
Det nattliga blev det dagliga
Splittring, det normala
Det ogrundade, tvång

Bastionerna växte
Kanonerna paraderade
Pansarbeklätt blev mall
För allt och alla
Det mörka negligerades
Det ljusa förbländade
Totaliteten suverän

Någonstans var visserligen allt glömt
Men minnet dock kvar
Av vad visste jag inte - tänkte jag
Alltmedan jag sprang över de minerade fälten
Undvikandes kryppskyttarnas sikten
Bort

Bara bort

Ut i verkligheten

Föreställningen var färdigrepeterad
Strax redo för premiär
Denna gång var manuset redigt genomarbetat
Rollerna och scenerna väl valda
Dialogerna flöt ypperligt snärtigt
Spelarna skulle bli väl värda att skåda
Tänkte jag

Läktarna fylldes snabbt
Alla kom och fick plats
Jag tog min väska
Gick ut
Låste dörren till salongen precis då ridån gick upp
Och begav mig av
Ut i verkligheten

Tillvarons utkant

Visste inte om det var den som höll i lycktan, i vars
skens ytterområden jag stapplade fram i, eller om det var
förföljarna, ansättandes mig till rörelse, som bekymrade
mig mest

Visserligen fanns här heller inget att hämta
Men jag mindes nästan inget annat
Så den längtan sinade
Eller snarare stängdes inne
Mållös och snart helt onåbar

Dunklet svepte in i mitt sinnes djup
Förljög snart den sista spillran

Ändock fanns mitt bekymmer kvar
Kanske min totala ödeläggelse
Eller mitt sista strå
Jag rörde ju mig fortfarande
Fast i avkroken
Förvisso frampiskad men dold
Av det skumma rasket
I tillvarons utkant

Det som var att minnas

Det fanns inget att minnas
For igenom huvet
Inget alls

Men huvet hade ju inte varit att lita på i realiteten
Och ingenting annat då heller egentligen
Men det som ändå grodde var allt från det förflutna
Som visserligen ännu inte kallades för minnen

Kompleteringen skedde långsamt
Men ändå kvalfylld och bråkig
Fast utan bugning eller referens

Men allt fylldes och tog plats
Allt
Det som var att minnas

Snart så

Jag försökte lista ut vad jag gjorde och höll på med
Lönlöst så klart
Var alltid steget efter
Resonerandet blev alltid bakvänt
Det var ju inte så att jag fattade beslut och sedan
exekverade dem
Allt var ju redan avgjort och utfört mikrosekunder före
det att jag blivit medveten om det skedda
Likt en föreställning som repeterats utan min närvaro
Endast bjuden att skåda
Inte föreslådd någon roll, ens en liten

Det fanns allt att förstå och mycket mer
Men mig passerade det mesta förbi
Anade dock
Men vagt
Satte mig ner och började
Och fortsatte

Snart så

Bara bevis

Var tvungen att hela tiden bevisa mig också
Eller motbevisa det andra
Aldrig fick något vara
Bara
Sådär det var
De förstod ju heller aldrig bevis så som de var
Tänkte jag

Sedan ville heller ingen ha bevis
De struntade i vad jag sa och om jag tänkte
Blev helt ignorerad
Bara sådär
De förstod ju definitivt ingenting
Tänkte jag

Bara jag förstod det som skedde
Tänkte jag
Helt oförskylld naken
Om det räckte
Men jag hade vid intresse
Bara så där
Bevis

Bara bevis

Ryggen till

Satt egentligen hela tiden med ryggen till
Ja, jag var ju inte ensam om det i alla fall
Ljuset fick bara en funktion
Spelet på väggen följde sin vanliga rytm
Allt var som det varit
I skuggan
Med ryggen till

Vände mig om
Då och då
Men mer rädd för det jag trodde mig kunna få se
Än för att missa det jag aldrig kom att få se
Bländad redan i tanken
I skuggan
Med ryggen till

I skuggan
Med ryggen till
Blev mörker det enda
Och det som inte dolde
Det som anas
I skuggor
Med ryggen till

Hända idag

Någon tvekan egentligen var det ju aldrig
Visste att jag hade en bild av hur det skulle se
ut
Men allt låg dolt i skuggan av hur världen betedde sig
Och det som skulle bestämma vägen var också outrett
Likaså arrangemangets drivande

Verkligheten i det jag såg var ju då naturligtvis inte det
som styrde min uppmärksamhet
Trots att jag bara hade begett mig för att titta
För orienteringens skull
Men bländad återkom jag
Och ännu utan riktning

Behöll mig istället kvar i dimman
Ville inte bli inträngd eller avvisad igen
Förflyttade mig långsamt med
Tills den tvingades att skingras av det annalkande
Medan jag förberedde mig för det som skulle hända idag

Till

Någon väg bort fanns denna gång egentligen inte
Inte åt något håll
Det som ändå gick att följa var av annan sort
Av nödutgångsslag
Bra
För det var hit jag hade tagit mig
Och det var här jag skulle vara för en stund

Det mesta var rivet
Och grunden uppgrävd
Jag hasade ner i gropen
Visserligen utan tydlig plan
Men ögnade vagt igenkännande över det utspridda
materialet
Denna gång skulle det bli något

Inte att ta sig bort från
Eller fly från
Men något att gå ut från
Till

Tätt i hälarna

Var tvungen att komma i kapp
Hade rusat sedan mörkret försvann
Allt det andra fick ta sig fram i sin egen takt
Denna gång var det ju inte botgöring som gällde
Täten var bekant men omöjlig egentligen att känna igen
Men det var oväsentligt

Mitt "halt" ekade i dalgången
Och märkligt samtidigt upphörde slamrandet och
trampet
- Här slår vi läger, kunde jag utan ansträngd röst
kommendera
- Här slår ni läger, tänkte jag för mig själv - och för alltid

Jag väntade in allt mitt övriga
Och utan att vända mig om begav jag mig av
Tanken var redan långt framför

Vargen följde mig tätt i hälarna

Underliga drömmar

Jag befann mig hela tiden utanför synfältet
Exakt var visste jag inte
Men anat det om jag hade varit uppmärksam
Tror mig vid något tillfälle ha känt igen mig
Passerandes
Men det var allt det andra som tog platsen
Resterna av det som aldrig blev av eller blev fel
Det blev allt
Det som kunde ses

Bländad blev jag inte
Inte krossad heller
Men allt kollapsade
Taket föll in
Väggarna rasade ihop

Till slut la sig ändå dammet

Tomt
Visserligen såg jag långt bort åt alla håll

Till och med en horisont
Men det var tomt
Till och med ödsligt

Förresten, var jag inte säker på att jag såg alls
Hade ju begränsad erfarenhet av det
Allt verkade förvirrat
Jag la mig trött ner
Somnade

Den natten drömde jag underliga drömmar

Sårbar

På ett sätt var jag osårbar
Jag gick tillfälligt under radarn
Det var nödvändigt
Var tvungen att inte synas
Ej heller bli sedd
På det sättet
Mina sinnen var också bortkopplade
De kunde inte ge mig ledtrådar
Men någon större skillnad var nu väl inte detta
För det aktuella var aldrig närvarande
Bara det förgångna

Tog mig fram försiktigt
En lång sträcka
Inget följde
Men marken verkade uppsliten
Allt uppfläkt
Rötterna blottade
Sårbart nakna
Nu var det bara mina kliv som kunde skada dem
Och mina händer som kunde lägga dem tillrätta
På nytt

Ja, på ett sätt var jag nog osårbar
Men, o så sårbar

För en stund

Mörker
Det som
Suddade ut
Vissheten om det bakom
Döljandes

Ljuset
Det som
Gränsade av
Allt det framför
Bländandes

I detta återkom jag
Världen var återigen ny

Berusad blev jag
Men tog mina steg
Långsamt och försiktigt
Medveten denna gång
Också helt levande
För en stund

Bestämt mig

Visste inte om jag kunde bestämma mig eller inte
Hade inga begrepp om vad det betydde
egentligen
Jag hade visserligen utfört och gjort en hel del
Både det ena och det andra
Och i hemlighet annat också
Men bestämma mig
Hade jag gjort det egentligen?
Semantik för någon kanske
Men en hel värld av en slags förtryck för en annan

-Bestäm dig, ekade det i huvet
-Jag tar väl chokladglass då
Kunde det låta
Så visst hade jag fattat beslut
Eller valt mellan de närvarande alternativen
Men egentligen inte beslutat mig

Jag funderade på det medan jag gick ner till valven
under
Kollade så att den senaste reparationen var ok och
konstruktionen verkade hålla längre denna gång
Allt annat var också bra undanstoffat och på rätt plats

Väl uppe såg jag ut över dalen
Såg flodens meandrande genom de nysådda fälten
Ända bort till havet
Horisonten tydligt avgränsande
Bergen
Bredvid och bakom
Stilla
Vakandes

Drömmarna steg upp
Längtan porlade vilt
Men denna gång lät jag mig inte alltför mycket
överrumplas
Jag höll dem kvar
Stilla
Tog mitt nypackade bagage
Min vandringskäpp
Och begav mig av

Jag hade bestämt mig

Alla andra

Plötsligt försvann allt
Eller gradvis kanske
Jag märkte ju inget i alla fall

Försvann och försvann
Eller allt förresten
Inte var det så
Det var jag som försvann
Inte mitt uppfattande
För jag registrerade

Kanske det var kontakten som försvann
Eller något sådant
Märkte bara alla andra och andras
Inte mitt

Riktningarna upphörde
Murarna restes
Men det var jag van vid
Så jag tog mig ut via lönngången
Som bara jag visste om
Inte alla andra

Det kanske räckte

Kunde hålla med

Det enda jag var säker på
Var
Att jag tänkte
Inget mer
Jag alltså
Tänkte
Förutom då den molande känslan
Fylld av tomhet
Djupt inom
Den var en verklig realitet
Som jag var säker på
Också
Men förutom det
Så var jag osäker

Det kanske räckte

Verkligheten

Trodde jag hade koll på var jag befann mig
Men var inte ett dugg närmare verkligheten

Kanske det berodde på strategierna
Att jag kom helt bort och vilse
Varenda gång
Och helt fel

Kartorna var heller ingen bra idé
För min orientering till
De ledde ju mer från
Upptäckte också att mitt fokus skiftade alltför kvickt
Allt annat dök upp utan förvarning och för snabbt
Förblindade
Tog all plats

Så någon koll var det inte tal om
Kanske foglighet
Inför morbida krafter
Som drog mig bort
Från det väsentliga

Att närma mig verkligheten

En framtid

Som om jag hade en framtid
På riktigt
Nä

Men det jag såg
Var inte verkligt
Så pass var klart

Jag såg heller inte åt annat håll
Väven hade eget syfte
Att vända bort
Min blick
Från

Jo
Realiteten var
Om jag min framtid strävade

Och det var insett
Vore det verkliga
Allt det jag såg

Till
Mitt seende
Och närmande
Mina vägars riktning
Mot platsen med utblick åt alla håll

Balans

Berusad

        Var jag

               Tog mina steg
               På nyckfull mark
      Tur det kanske
Hade nog fallit annars

Full

        Ibland också

               Stapplandes fram
           Mellan skrank och galler
      Tur det kanske
Hade nog fallit annars

Föll

        Gjorde jag

               I sans denna gång
           Bland packe och bröt
     Men fullt levande
Och helt i balans

På väg

Linan var precis lagom spänd
Hade till slut lyckats hitta denna passage över
Igen
Visste denna gång precis vad jag inte skulle göra
Men försökte glömma det och riktade sinnena framåt
Mot en punkt jag inte uppfattade
Och mitt hela fokus inåt
Denna gång skulle inte något yttre få påverka

De gjorde sina försök
Men strax var jag en väl längd ute
Hela jag riktad framåt
Och
På väg

Betäckta rullstensåsar

Världen var som en obetäckt rullstensås
Ju snabbare jag försökte ta mig upp för en blick
Över allt
Desto längre föstes jag ner
I värsta fall orsakandes ett skred
Och rullande och tumlande med grus och sand mot
avgrunden
Men ibland inte riktigt så långt

Det gällde att smyga försiktigt uppför
Överväga varje steg
Smyga varje ögonblick
Även i tanken
Varje liten hastig knycke kunde vara katastrofal
Nåja, åtminstone hejda det nödvändiga livet en
betydande stund

Det var just i detta ögonblick jag upptäckte
När jag för ett ögonblick vilade
Att därborta åt det hållet fanns det betäckta rullstensåsar
och andra ting
-Betäckta rullstensåsar, tänkte jag
-Fanns dom på riktigt?
Hade bara hört berättelser om dem
-En omöjlig önskedröm, hade jag ofta tänkt
Men inget mer

Jag såg denna gång inte det lilla skred som hade uppstått
ovanför mig

Och medan jag betraktade min upptäckt så slogs jag
omkull av egentligen bara några småstenar och bröte
Jag tumlade återigen nedför den obetäckta rullstensåsen
mot djupet långt där nere
Men min blick var fortfarande riktad mot de betäckta
rullstensåsarna
Eller snarare var det så att min omöjliga önskedröm
hade fått fäste i verkligheten och förankrades i mitt
medvetande
Så det var den jag såg på vägen ner

Jag log fortfarande medan jag splashade i kärret längst
ner på bottnen
Reste mig så snabbt upp det gick efter omständigheterna
Och tog ut riktningen

Mot de betäckta rullstensåsarna

Fortsatte färden

Kunde känna sökarljusen i nacken
Men jag fortsatt att blunda
Ville varken bli bländad
Eller vägledd
Jag smög mina steg försiktigt fram över rötter och sten
Skogen var ganska tät här
Vilket var bra
Hellre lite rispor på bar hud
Än förledd och förblindad

Jag blundade fortfarande när jag kom fram till gläntan
Förföljarna verkade mycket avlägsna
Hade jag verkligen skakat av mig dem
Förlett dem för en gång skull
Jag log tyst för mig själv

Visste ju att ljuset lockade till säker mark
Men helt fel
Och förblindade till foglighet

Men här var jag för en stund

Strax slöt jag återigen ögonen
Och fortsatte färden

Du

Min framtid var alltid så upptagen
Av allt som fångade in
Och fängslade
Men inte på det sätt som jag behövde bli infångad och
fängslad av
Då

De ensamma nätterna och de mörka dagarna var ett
bevis
Men det uppfattade jag inte
För tillvaron var ju sådan
Tänkte jag
Då

Jag la jag märke till att framtiden också verkade vara
dåtid
Allt det som skulle hända enligt framtiden hade redan
hänt
Ok
Livet är ett nu där dess framtid är dess dåtid
Det verkade vettigt
Då

Men nej då, for kvickt upp i sinnet
Då
Jag kände
Att något fullständigt helt annat märkligt fängslande
fångade in mig

Du

Vill inte vänta längre

Jag ville inte vänta längre
Jag ville basunera ut
Mitt jag
Till världen
För kontakt
För liv
Bland andra

Jag hade huggit länge
Väldigt länge
Både bort - det som skulle
Och till - det nya som behövdes
Min trötthet var uppenbar
För mig
För alla

Visste om dig
Hela tiden
Men allt
Ledde åt annat håll
Förringandes och förskjutandes
Det väsentliga
För ett vi

Jag vill inte vänta längre

Kvitt

Blev ett tag aldrig befriad
Mina föreställningar
De fanns där
Flockandes

Men var det min tanke
Egentligen
Att de skulle försvinna
Eller lösta mot något

Insåg efter ett tag att de fanns där för evigt
Men inte som uppfyllare av tillvaron
Utan som referens
För det gångna

Tur var det
För när jag äntrade scenen
Var det endast erfarenhet som krävdes
För att helt bli hel
Och helt

Kvitt

Ända dit bort

Ville bort egentligen
Ända bort denna gång
Inte bara bort
Det var enkelt
Men ända bort
Dit

Visste inte hur
Tog jag mig bara bort blev vägen oklar
Och jag var snart tillbaka
Kanske det egentligen bara var att fortsätta
Bort
Dit bort

Tvekade ett tag
Tog några kliv
Hejdade mig
Fortsatte en etapp
Så höll det på
När jag tog mig

Ända dit bort

Mening

Jag fällde huvudet
Till slut
Och öppnade ögonen
Mina tårar höll på att späda ut det ännu inte torkade
bläcket

Det gick dock ännu att utläsa
Bokstäverna
Även ord
Och hela sentenser

Jag grät ännu mer
Fast av annan orsak
Då jag förstod
Dess hela mening

Och väntade

Mina tårar föll för all oupfylld längtan
Vet inte hur länge jag grät
Allt och alla tycktes svepa förbi
Ett efter ett
En efter en
Gäckandes hela min kropp

Jag hade besökt Tornet
Portdörren var lätt att få upp, men väldigt krånglig att
passera
Kunde inte återge vad jag mötte och såg därinne, efteråt
Mindes helt enkelt inte annat än att min kropp for runt i
helvetiska krumbukter
Runt, runt
Fram och tillbaka
Och min kropp genomfors av alla upplevelser som en
kropp har möjlighet att genomleva

Jag vaknade upp alldeles utanför efter ett tag
Reste mig sedan upp
Porten var fortfarande öppen
Stel och trött gick jag åter till min fristad
Väl där började då mina tårar att falla och min kropp
ömsom skalv ömsom hänfördes av allt oförlöst som nu
släppts fritt
En efter en svepte de förbi gäckandes, retandes
Men jag somnade till slut

Natten förflöt
Drömlös
Djup

Jag steg upp
Helt tom på allt
Och väntade

Det jag missat

Jag hade missat allt
Tänkte jag för en stund
Visst var det sant
Ur det väsentliga perspektivet
Antal timmar av närhet och kontakt var relativt få
Även de timmar av förnimmande av världen
Mitt fokus var format åt annat håll
Och mitt nu var bara ett steg
I taget
Men knappt det ens

Jag låg orörlig
Full
Av allt och tankar
Det hjälpte ju inte
Men reste mig sedan upp
Och förnam
Med alla sinnen
Det hela och
Världen

Och då dök det upp
En längtan till
Allt och närhet
Och till

Det jag missat

Reste mig upp

Jag såg det jag såg
Men kanske inte så mycket
Det var tillräckligt då i alla fall
För vad jag inte kunde se, såg jag inte
Så klart

Kroppen krum i bugning och bockning
Självföraktet inlindad i tystnads sigill
Fängelse för någon
Vardag för en annan
För mig en krypta där döden redan hastat förbi

Jag orkade inte mer
Var tvungen att räta mig upp och min kropp
Helt och hållet
Denna gång
Och fullständigt

Och det jag skådade
Var allt
Det jag inte kunnat se
Då
Fullständigt allt

Då jag reste mig upp

Annat skäl

-Döden hade förekommit mig, tänkte jag

Kanterna var något nedrasade
Men det gjorde inget nu
Snart var allt ändå igenfyllt
Men dock inte än
Jag vände blicken nedåt

Tårarna tog sin rättmätiga plats denna gång
Såg till slut inget alls
Jag lät dem falla
Skingras och upplösas
På sin färd ner i mörkret

Allt blev fullständigt stilla
Inget gick att uppfatta
-Var det så det var, tänkte jag
Slutet och evigheten
Fast det var ju inte mig det gällde denna gång
Eller?

Plötsligt drogs ridåerna bort
Och maskerna
Försvann kvickt
Föreställning var över
Och dess lögner uppenbarades

Men strax fanns inte ens dessa kvar
Jag blev rädd

Återhållet kröp den fram
Och försvarslös blev hela jag
Omfamnad av sorgen
Över allt som missats eller aldrig blivit av
Och all längtan som aldrig fått sin plats

Uppfylld men förstelnad fann jag mig ändå
Min sihuett och reflektion var nu åter skönjbara
Långsamt vände jag mig om
Såg min kropp i profil
Och sen inte alls

Försiktigt men bestämt gick jag därifrån
Fortfarande tårögd
Fast av annat skäl

-Nu skulle livet få komma före, tänkte jag

Ett liv försent

Jag hade kommit
För att stanna
Hos dig
Trodde jag
Det var så vi hade tänkt, planerat
Då vi grät och skrattade
Älskandes
Tillsammans
Till en början

Du och jag

Men du
Du levde
Medan jag
Jag sjönk
Djupt i mina tankar
Grubblandes
Som om ingen verklighet fanns
Eller hade kunnat störa

Nu
Ett liv försent
Minns jag
Allt jag ville gjort
Och allt jag ville
Vi tillsammans skulle gjort
Och allt vi drömde
Om

Du och jag

Nu
Ett liv försent
Får du äntligen plats
Som ett minne
Att vilja minnas
Då allt annat
Är glömt och ensamt

Du och jag

Men dock ett liv försent

Det var dags

A llt jag ägde och hade var staplat längs med yttre
valvets pelargång
Det skulle förbli där
Och det mesta för alltid
Något skulle jag dock återvända för att hämta upp
Men just nu behövde jag vara fri från allt
När jag skulle möta
Henne
Vapnen var för säkerhets skull ordentligare
undanstuvade
De fick inte hamna i fel händer
Denna gång

Ute i dalen ner mot skogen var kasarna redan upptända
Men det spelade egentligen ingen roll
Hade tidigt lärt mig att se och ana i mörker
Eldar verkade dock lysa upp världen långt bortom
ängarna, ända ut till havet och öarna

En silkeslen aura av lugn, tillförsikt och förväntan
tycktes omfamna världen denna afton

Freden hade tagit tid att förknixa fram
Kontroverserna satt djupt nedfästa i jorden,
bokstavligen
Och misstroende förhärskade
Men med envishet lyckades en kompromiss bli
framförhandlad med en gynsam lösning för alla som
blandats i
Kanske för att alla var trötta på det som skedde eller att
likstanken blev för stark från den alltmer växande
tillfälliga gravplatsen
Eller kanske av någon annan orsak, men det spelade just
ingen roll

Nu frodades freden

Min abdiktion från tronen mötte inga större reaktioner
Några undrade varför men förstod egentligen
Planen var att det inte skulle vara någon plan
Men först skulle jag rensa och få ordning inne i
fästningen
Få bort allt skräp och strunt som samlats bakom pelarna
Skaffa undan det eländiga och onödiga
Sedan samla ihop det jag trodde mig behöva och ställa
det längs med yttre valvets pelargång

Jag stod då där
Väl beredd
Tog en fackla, som för att visa att jag var redo
Slängde upp den lättpackade ränseln över vänster axel

Fattade min vandringsstav och tog ett steg ut genom
porten

Stannade till en stund och lät mig överisköljas och
överrumplas
Av värmen och längtan som smygandes porlade upp
inom mig
Av alla som vände sig om och kom mig till mötes
Jag grät och skrattade på en gång
- Äntligen, tänkte jag

Det var dags

--

Mindes

Jag hade glömt
Allt

Avlägset borta skvalpade minnen upp på en strand
Verkligheten skimrade
Djupt
Under ytan

Stormfågeln vakade väntande

Jag mindes